COURS D'HISTOIRE
DE
LA MÉDECINE.

DISCOURS

D'INTRODUCTION,

par M. Parchappe,

*Professeur d'Hygiène & de Thérapeutique
à l'École secondaire de Médecine de
Rouen.*

ROUEN,
IMPRIMERIE D'ÉMILE PERIAUX FILS AINÉ,
rue Percière, n° 26, près le Marché-Neuf.

1833.

DISCOURS
D'INTRODUCTION.

Messieurs,

A une époque où l'intelligence humaine demande de toutes parts au passé le fondement de ses espérances pour un avenir qu'elle se promet et auquel elle a droit; quand la science historique est l'objet des préoccupations de tous les esprits solides, n'est-il pas étonnant que les médecins s'abstiennent seuls de prendre part au mouvement général, et négligent, en ce qui les concerne, des études qui ont été trouvées fécondes pour tout ce qui se rattache aux intérêts de l'humanité?

De notre temps et en ne tenant compte que de ce qui se passe dans notre pays, la religion a recueilli dans l'histoire, à l'aide du génie de Châteaubriand, les titres de sa grandeur passée et le gage des espérances qui lui restent.

Villemain, étudiant dans leurs origines et leurs développements les littératures modernes, a tracé de leurs diverses époques des tableaux aussi ingénieux de composition que brillants de coloris. L'histoire politique, soit qu'elle recherche dans les coutumes et les lois de nos ancêtres les origines de nos libertés, soit qu'elle nous montre les rapports de l'état politique avec l'état social, et dans leur enchaînement les causes et les effets d'une civilisation progressive, a trouvé de dignes interprètes dans les Guizot et les Lherminier, et son intérêt s'est encore puissamment accru au milieu des révolutions qui s'accomplissent sous nos yeux et qui s'écrivent dans nos souvenirs.

Cousin a embrassé du haut de la philosophie l'histoire de l'humanité tout entière. Remontant d'une profonde analyse des faits à une lumineuse synthèse de leurs lois, il a déterminé nettement les éléments fondamentaux de l'activité intellectuelle, subordonné leurs développements régulièrement successifs à des principes généraux, et montré l'esprit humain suivant à toutes les époques les directions nécessaires que lui impose l'identité de sa nature, et marchant cependant de progrès en progrès à l'aide du perfectionnement des méthodes.

Enfin, Cuvier a développé, avec un admirable talent d'exposition, l'histoire de ces sciences naturelles auxquelles son nom se rattache d'ailleurs d'une manière si honorable.

Ainsi, dans toutes les directions, l'activité humaine se concentre en France et de notre temps sur l'histoire ; autour de nous tous cherchent et trouvent dans le passé des enseignements pour le présent, des sauve-gardes ou des moyens de progrès pour l'avenir.

Comment se fait-il que les médecins restés seuls en dehors de ce mouvement, ne témoignent si généralement qu'une indifférence profonde pour l'étude des causes qui ont présidé au développement de leur art? La médecine n'est-elle pas cette science contemporaine du genre humain qui, successivement perfectionnée par les travaux de tant de grands hommes en traversant tant de siècles, a aussi éprouvé sous nos yeux l'une de ses révolutions les plus éclatantes et les plus générales ? Son histoire n'a-t-elle pas aussi ses enseignements et ses leçons ? Ne mérite-t-elle pas aussi de fixer ces regards que, dans la préoccupation d'un but difficile à atteindre, l'on jette sur les routes parcourues avant de chercher à s'en frayer de nouvelles?

Des causes qui ont fait naître et qui entretiennent, en ce qui touche l'histoire de la médecine, cette résistance exceptionnelle à l'impulsion générale de notre époque, la plus générale est le discrédit dans lequel est tombée l'antiquité.

La conviction d'une supériorité de la science moderne, hors de toute proportion avec l'état de la science dans les temps anciens, les préventions contre l'esprit de système, et l'enthousiasme de la nouvelle école, si plein de mépris pour le passé, ont concouru à accréditer cette opinion que l'histoire de la médecine est réellement inutile à la science positive, et ne peut être tout au plus qu'un objet de curiosité pour les érudits.

Mais les progrès des sciences, eux-mêmes successifs, ne sont, en dernier résultat, que le développement de progrès antérieurs.

Mais les déclamations contre les systèmes ne sont pas avouées par la raison. Une science quelconque n'existe qu'à la condition d'un système, et il n'est pas de théorie, quelle que fausse qu'on la juge, qui ne soit appuyée sur quelque vérité.

Mais enfin la critique du passé suppose la connaissance de l'histoire ; faite dans l'intérêt d'une doctrine exclusive, elle ne peut être qu'incomplette et partiale ; et loin de détourner de l'étude de l'histoire, elle devrait la provoquer, s'il n'était en effet plus commode et plus court de blâmer comme de croire sur parole.

En effet, quoi de plus vite fait que le procès d'Hippocrate ou de Galien ? Que dis-je, quoi de plus facile que de condamner, d'un seul mot, tout un système sans le comprendre, toute une école sans la connaître ! En voyant le superbe mépris professé pour certains noms dont il n'est arrivé que le retentissement aux oreilles de ceux qui ignorent l'histoire, on se doit demander comment il s'est fait que ces noms aient imposé leur autorité à tant de siècles ? Est-ce absolument dans l'ignorance profonde de ces siècles, ou dans le génie supérieur des hommes qui ont illustré ces noms, qu'il faüt chercher la solution du problême ! La première opinion est la plus généralement admise, la seconde est la vraie.

Un préjugé d'un autre ordre plus digne de notre attention, en ce qu'il appartient à des esprits éclairés et réfléchis, et en ce qu'il a sa source, non dans une folle présomption, mais dans la conscience des limites nécessaires de nos facultés, est celui-ci : On croit que les sciences comme les civilisations sont soumises, dans la vie de l'humanité, à des révolutions périodiques, à une sorte de flux et de reflux ; elles ont des âges où elles s'accroissent et fleurissent, puis où elles déclinent et meurent ; de telle sorte que, parvenues à une certaine limite fatale de développement, elles s'arrêtent ou rétrogradent, sans jamais pouvoir la dépasser.

Bacon rangeait ce préjugé au nombre de ceux qui s'opposent le plus puissamment aux progrès des sciences. Il n'est pas un moindre obstacle à ce que l'importance des études historiques soit justement appréciée.

En effet, si l'esprit humain était réellement condamné à s'agiter perpétuellement dans un cercle qu'il ne pourrait franchir, et à repasser sans cesse sur les lignes par lui déjà parcourues, chacune de ses périodes d'activité circonscrite et isolée serait l'image complette de son éternelle destinée. Quel intérêt, autre que celui d'une stérile curiosité, pourrait-on trouver à voir s'élever successivement et à grand'peine les édifices de chaque civilisation, sans autre loi certaine que celle de leur inévitable destruction après une éphémère durée? Le passé ne nous offrirait dans le monde intellectuel, comme dans le monde physique, que des ruines entassées sur des ruines, et l'histoire générale n'aurait d'autre enseignement à nous fournir que la démonstration de notre impuissance pour le progrès.

Il n'en est pas ainsi, Messieurs. Un sophiste niait le mouvement devant un sage, qui, pour toute réponse, se mit à marcher. C'est ce qu'a fait l'humanité devant ceux qui niaient le progrès.

Mais cette perfectibilité est-elle donc absolue et indéfinie? Et si elle est une loi de l'humanité dont les applications se soient jusqu'alors clairement manifestées, comment se fait-il qu'elle ne soit pas universellement reconnue, et que sa réalité soit au contraire le sujet de tant de débats conradictoires? Il est possible de s'entendre sur cette importante question.

Il est d'abord incontestable que le progrès a sa limite nécessaire dans la nature même de l'organisation humaine. La perfectibilité indéfinie n'est donc qu'une chimère. D'un autre côté, la loi du progrès n'est pas absolue et universelle ; limitée relativement au terme qu'il peut atteindre, elle est encore, par rapport à l'étendue de ses applications, subordonnée à la nature des choses. Une distinction qui n'est pas assez faite et qui résulte d'une analyse plus exacte de nos facultés et des faits, jette sur cette question une grande lumière.

La loi du progrès successif est une erreur ou une vérité, suivant qu'on lui soumet des développements différents de l'intelligence humaine.

Ainsi, les œuvres de l'imagination sont généralement soustraites à son empire. En effet, la nature de l'esprit humain est identique à toutes les époques, et malgré le concours réel de certaines circonstances extérieures, l'imagination se suffit à elle-même dans l'isolement individuel pour produire ses œuvres; les instruments de perfectionnement dont elle se sert ne sont qu'accessoires et n'ont qu'une influence limitée; telles la poésie, l'éloquence, la statuaire, la peinture, tous les arts d'imagination. Homère et Démosthènes, Virgile et Cicéron, le Tasse et Mirabeau, sont des produits de la spontanéité du génie, et leur succession dans le temps n'exprime point une loi de progrès.

Il n'en est pas de même pour les sciences et l'industrie. Les sciences se constituent par des acquisitions successives. Les instruments que l'intelligence emploie pour les perfectionner ont sur les résultats une immence influence. Quels progrès n'ont-ils pas été dus au perfectionnement des méthodes? Que n'a pas ajouté l'expérimentation à l'observation, et le calcul à toutes deux? Et quels merveilleux résultats produits inopinément par la création d'instruments matériels? Le télescope, la pile de Volta, le microscope, n'ont-ils pas ouvert aux sciences humaines des routes toutes nouvelles. Quant aux progrès de l'industrie, ils sont évidemment liés à ceux des sciences dont elle est une application aux besoins physiques des sociétés.

Une distinction du même genre pourrait être appliquée avec avantage à la question de perfectibilité en ce qui concerne les institutions politiques. En effet, il y a bien dans l'humanité considérée sous ce rapport, des éléments qui ne sont pas susceptibles de progrès : tels les sentiments et les passions ; tels les lois de la morale et de la justice qui ont le fondement de leur stabilité dans l'identité de la nature humaine. Mais peut-on raisonnablement nier que d'un autre côté les sciences politiques n'aient fait d'immenses progrès, et qu'une foule d'applications importantes pour le bonheur des hommes n'en aient été faites aux sociétés, et ne soient encore possibles.

C'est donc une grave erreur, Messieurs, que celle qui condamne en même temps l'humanité à s'agiter dans l'étroite circonscription de limites qu'elle ne peut dépasser, et l'histoire à n'être que le spectacle curieux, mais stérile, d'une activité qui s'épuise en efforts superflus.

L'humanité marche en avant dans les siences ; depuis la découverte de l'imprimerie elle ne peut plus rétrograder. Ses progrès sont écrits dans l'histoire ; les lois de son perfectionnement successif peuvent en être déduites; dès-lors, l'importance des études historiques ne saurait être contestée.

Ce qui est vrai de l'ensemble des développements de l'intelligence susceptibles de progrès successif, l'est aussi de chacun de ces développements en particulier. Il faut donc reconnaître que la science médicale est soumise comme les autres à la loi du perfectionnement, et l'on en peut immédiatement conclure que l'étude des causes de ses progrès, c'est-à-dire de son histoire, a aussi son importance et son utilité.

Cette loi du progrès successif, fait le plus général parmi ceux qui constituent en quelque sorte la vie intellectuelle de l'humanité, et expression la plus élevée de l'utilité de l'histoire, se présente à nous avec un caractère remarquable ; c'est une simultanéité constante d'avancement entre les sciences en général, et plus particulièrement encore entre les sciences d'observation. En effet, nous les voyons grandir les unes à côté des autres, comme sous l'influence d'une même impulsion ; nous les voyons s'arrêter à-peu-près sur une même ligne dans leur marche parallèle et progressive.

Ce fait ne peut être expliqué par l'identité de circonstances extérieures favorables ou non à la culture des sciences aux diverses époques de l'histoire. Quoiqu'il ne soit pas assez absolu pour que les progrès des sciences doivent être subordonnés nécessairement à une influence unique, il est pourtant digne de toute notre attention, en ce qu'il nous révèle une influence générale et constante, et en ce qu'il nous donne le moyen de déterminer l'une des conditions les plus importantes de cette loi du progrès dont la connaissance jette une lumière si vive et un intérêt si puissant sur l'histoire.

Cette condition, Messieurs, est celle de la méthode philosophique qui a dirigé les travaux scientifiques de chaque époque, et qui a imprimé à leurs résultats, dans toutes leurs directions, un caractère frappant d'uniformité. Ce point de vue, qui rattache toutes les histoires particulières des développements de l'esprit humain à l'histoire de la philosophie, est aussi celui qui nous permet de saisir, de la manière la plus générale, l'enchaînement des progrès dans chacune des directions scientifiques.

Ici se présente une distinction fondamentale des causes du progrès, distinction qui ne doit jamais être perdue de vue dans l'étude de l'histoire.

De ces causes, les unes générales, jusqu'à un certain point nécessaires, et dépendantes de la nature même de l'esprit humain, se rattachent à l'histoire du perfectionnement des méthodes et des progrès de la philosophie. Les autres, spéciales, plus ou moins accidentelles et dépendantes de la nature même de l'objet des sciences, constituent ce que leur histoire a d'essentiellement particulier.

Ainsi, pour appuyer cette distinction par des exemples tirés de l'histoire de la médecine, la réforme philosophique du 17e siècle a eu sur les progrès de la médecine une immense influence, et la méthode expérimentale qu'elle a mise en honneur s'est vraiment subordonné tous les travaux entrepris depuis Bacon, dans les sciences naturelles; voilà pour les causes générales.

La découverte des valvules dans les veines a amené celle de la circulation, fonction dont le mécanisme avait échappé à tant de beaux génies pendant une si longue suite de siècles; voilà pour les causes particulières.

De ces considérations sur la grande loi du progrès qui gouverne l'humanité dans certains de ses développements, et surtout dans les sciences; considérations dont l'application peut être facilement transportée de l'ensemble aux parties, il me semble qu'il résulte incontestablement que l'histoire des sciences et conséquemment l'histoire de la médecine, ne sont pas seulement un objet de curiosité; et je ne doute pas, Messieurs, que cette vérité dont la démonstration complette comporterait des développements qui dépasseraient les bornes d'un discours, ne vous ait assez frappés par son propre éclat, pour que vous soyez convaincus que l'étude des causes des perfectionnements scientifiques, dans leur rapport avec la loi générale du progrès, a une importance réelle.

Mais cette étude n'est pas seulement intéressante et instructive en général, je la regarde comme d'une nécessité absolue en ce qui touche la médecine.

Dans toute science qui n'a point atteint sa dernière limite, et certes, la médecine est dans ce cas, il y a pour l'homme qui veut la posséder complettement, et qui aspire en même-temps à la faire avancer, deux conditions fondamentales et premières : pour posséder la science, la connaissance de tous les faits importants qui la constituent; pour être capable de la perfectionner, la connaissance de la méthode qui lui convient. L'histoire seule peut fournir ces deux éléments.

En effet, pourrait-on raisonnablement croire que le système dominant, ou autrement ce qui constitue l'enseignement actuel à une époque quelconque, soit l'expression complette de tout ce que le passé a produit d'acquisitions scientifiques ? Pour la médecine, dans le sein de laquelle s'agitent tant d'opinions contradictoires, moins que pour toute autre science, ce paradoxe n'est soutenable. L'état réel de la science médicale n'est point l'état de tel ou tel enseignement systématique et local. Il comprend, d'une part, l'universalité des résultats scientifiques incontestés; d'autre part, l'universalité des résultats controversés, des questions posées et non encore résolues. La science actuelle doit être comme la résultante de toutes les puissances du passé. La connaissance de l'histoire est donc indispensable à qui veut posséder complettement la science.

Elle n'est pas moins nécessaire comme condition préliminaire à toute tentative de perfectionnement.

A quelle condition un perfectionnement scientifique quelconque est-il possible ? A la condition de l'emploi de la meilleure méthode. Pour acquérir ce premier moyen de progrès, il est vrai que les enseignements de la philosophie pourraient peut-être, à la rigueur, être considérés comme suffisants, si cette science qui dirige et domine toutes les autres était aussi généralement cultivée qu'elle mérite de l'être. Mais, quand bien même la détermination philosophique de la meilleure méthode à suivre pour perfectionner la médecine, serait aussi facile et aussi usuelle qu'elle est ardue et inusitée, l'histoire devrait encore lui servir de contre-épreuve pour légitimer ses applications; car l'histoire est à la philosophie dans le choix d'une méthode, ce que l'expérience est au raisonnement dans l'acquisition d'une notion scientifique.

Les enseignements de l'histoire ont de plus cet immense avantage que les erreurs résultant de l'adoption des mauvaises méthodes sont aussi instructives que les vérités dont l'acquisition a été due à la bonne direction imprimée aux travaux scientifiques.

Ainsi, Messieurs, complément nécessaire de la science, l'histoire est encore la condition première du progrès.

Cette double utilité déduite de la nature même des choses me conduit à déterminer les deux points de vue correspondants sous lesquels l'histoire de la médecine doit être envisagée, pour que ses enseignements soient efficaces et complets.

Sous le point de vue philosophique, elle doit faire ressortir des faits généraux l'influence exercée à chaque époque successive sur l'état et les progrès de la science, par les méthodes et les systèmes philosophiques.

Sous le point de vue scientifique, l'exposition historique doit comprendre les formes diverses de la science, la succession des découvertes, le dénombrement des résultats obtenus, les questions posées et non résolues, les solutions insuffisantes ou incomplettes, et constituer ainsi le tableau général de la science.

De ces deux points de vue, le premier, qui a pour objet de saisir le rapport de subordination qui lie la science médicale au mouvement progressif de l'esprit humain et aux destinées de la philosophie est, sans contredit, le plus riche et le plus fécond; qu'il me soit permis, en le développant, de vous tracer à grands traits la marche de la médecine sous l'impulsion de la philosophie. Ce sera, Messieurs, donner une nouvelle force à la démonstration rationnelle des principes généraux que je vous ai jusqu'alors exposés, et la vérifier par la contre-épreuve historique; ce sera, en outre, vous initier plus intimement à la pensée qui a dominé mes études et qui présidera à mon enseignement.

La civilisation de l'Orient, première époque de l'histoire de l'humanité, ne nous est pas assez connue, pour qu'il soit possible de l'apprécier dans tous ses développements. D'ingénieuses conjectures ont pu autoriser des rapprochements spécieux entre la marche suivie, dans cette première période, par l'esprit humain, et celle que l'histoire lui assigne dans les périodes subséquentes. Mais, pour démontrer clairement le rapport intime et constant qui a lié, dans tous les siècles, la médecine à la philosophie, il faut des faits incontestables; je ne ferai donc remonter cette revue historique qu'à la civilisation Gréco-romaine, sur laquelle nous avons des documents authentiques.

Dans les premiers temps, la Grèce est exclusivement religieuse. La théologie est la science universelle, ou plutôt la science unique. Philosophie, législation, sciences et arts, tout est dans la main des prêtres et sous l'empire du culte.

La médecine s'exerce dans les temples et n'est qu'une branche de la théologie. Les causes des maladies sont surnaturelles et divines. Les traitements sont des cérémonies expiatoires. Un empirisme grossier constitue tout le fond de la science réelle.

Mais l'autorité de religions nées à des sources diverses, et manquant d'unité, devait être faible. Aussi l'esprit humain ne tarda-t-il pas à en secouer le joug. Avec ses premiers essais d'indépendance, naquit la philosophie.

L'activité du libre examen se dirigea d'abord sur le monde envisagé dans ses phénomènes et leurs rapports. Les premiers systèmes philosophiques furent des cosmologies. L'homme ne fut considéré que comme une partie du grand tout. Les phénomènes de la vie furent expliqués par les théories générales de l'univers, soit que purement physiques, comme dans les écoles ioniennes, éléatiques et atomistiques, ces théories fussent fondées sur les phénomènes en eux-mêmes, sur des principes matériels ; soit que presque exclusivement mathématiques, comme dans l'école pythagoricienne, elles eussent pour bases les rapports des phénomènes, des principes abstraits. Dans toutes, les forces générales de l'univers, éléments, atômes ou nombres, furent le point de départ de la physiologie, qui n'était elle-même qu'une branche de la philosophie cosmologique. Dès cette époque, les causes surnaturelles sont rejetées. La science médicale devient possible.

Bientôt la philosophie fait un grand pas. Socrate la ramène de l'étude exclusive du monde extérieur à celle de l'homme. Il substitue aux spéculations sur les lois générales de l'univers, les recherches pratiques sur la nature et la destinée humaines.

En même temps Hippocrate sépare la médecine de la philosophie ; il la ramène aussi des spéculations de la physique générale à l'étude de l'homme en lui-même ; il lui applique la méthode d'observation ; il fonde une théorie pathologique sur une physiologie physico-organique ; il admet le premier sous le nom de nature une force vitale ; en un mot, il fait de la médecine une science à part qui a son sujet, ses moyens et son but déterminés. La science médicale est créée.

Les successeurs d'Hippocrate, comme ceux de Socrate, abandonnent les recherches pratiques pour les spéculations.

Platon dans ses observations philosophiques, néglige le monde des choses pour celui des idées. Il conserve dans la physiologie la tendance de l'école pythagoricienne; il explique l'activité des éléments par des forces géométriques. A ces éléments considérés comme causes des phénomènes vitaux, il ajoute le pneuma qui commence, dès-lors, à jouer un rôle dans la médecine. Le stoïcisme fait de ce pneuma un agent universel. Il voit en lui la cause première des phénomènes naturels, et l'essence de l'âme humaine qui n'est qu'une partie de celle du monde. Aussitôt la physiologie s'empare de cet agent pour l'explication de la vie, et le pneuma, dès-lors, envahit toute la pathologie, ou en partage la domination avec l'humorisme d'Hippocrate.

Cette direction funeste conduit la médecine à un dogmatisme qui ne s'appuie pas sur l'observation, et tend à la faire rentrer dans la philosophie.

Le génie d'Aristote arrête la science sur cette pente qui mène au cahos.

Il rend à l'expérience l'importance de son rôle dans les sciences naturelles, et non-seulement il s'oppose à la confusion des sciences en général, mais avec une rigueur et une profondeur jusqu'à lui inconnues, il détermine les limites et le but de chacune d'elles, ainsi que la méthode qui leur convient. Lui-même applique ses principes. Dans sa gigantesque encyclopédie, la physiologie, l'anatomie, et la zoologie occupent une place importante.

L'impulsion qu'Aristote communique à l'esprit humain est immense d'énergie et de durée. Elle détermine immédiatement les travaux anatomiques de l'école médicale d'Alexandrie.

La philosophie atomistique d'Epicure passe tout entière dans la médecine avec le système d'Asclépiade, qui se continue pendant plusieurs siècles en se modifiant dans l'école méthodique.

Le scepticisme né de l'insuffisance des systêmes exclusifs réagit de son côté avec énergie sur la médecine et se formule nettement dans les principes de l'école empirique.

Quelques essais d'ecclectisme tentés à Alexandrie, surtout dans la vue de concilier les dogmes de Platon et d'Aristote, correspondent à la grande entreprise de Galien, qui exprime le plus haut dégré de perfection que la science médicale ait atteint sous l'influence de la philosophie Grecque. Par une série immense de travaux tous coordonnés et dirigés vers le même but, Galien s'efforça de concilier les dogmes de ses devanciers, plus particulièrement la philosophie de Platon et d'Aristote, avec la doctrine médicale d'Hippocrate, et il édifia sur ces bâses un systême général de la science de l'homme qui a pendant long-temps été considéré comme la dernière limite possible de l'art.

Le mouvement intellectuel de la Grèce, épuisé pour la philosophie, dans la triple direction de l'idéalisme, du sensualisme et du scepticisme, pour la médecine, dans les directions parallèles et correspondantes du dogmatisme rationnel et expérimental, et de l'empirisme, s'était arrêté pour toutes les deux à un aboutissant commun, l'ecclectisme.

Sous l'influence de certaines conditions extérieures, et plus particulièrement par le contact de la Grèce avec l'Orient, une nouvelle philosophie apparaît dans le monde, le mysticisme des néo-platoniciens et des néo-pythagoriciens. En même temps de nouvelles doctrines font irruption dans la médecine. Tandis que l'inspiration et l'extase sont proclamées par la philosophie, les sources les plus hautes et les plus pures de la connaissance, la médecine abandonnant l'expérience et même le raisonnement n'a plus pour but que de s'élever à la connaissance des forces occultes, par la contemplation. Les phénomènes de la nature sont attribués à des agents invisibles, intermédiaires entre le monde et Dieu. L'astrologie, la magie, la théurgie, s'introduisent dans la science et l'étouffent. Dans cette époque de décadence et de confusion, toute l'activité scientifique s'épuise en rêveries superstitieuses ou en compilations syncrétiques.

Ainsi, Messieurs, dans toute cette période, nous voyons la science médicale subordonnée au mouvement général de l'intelligence, se lier d'une manière si intime aux destinées de la philosophie, que non-seulement elle exprime les mêmes tendances et procède par les mêmes méthodes, mais qu'elle semble encore se borner presque exclusivement à refléter dans ses doctrines une lumière empruntée aux systèmes philosophiques.

Nous avons vu, dans les derniers temps de la civilisation Gréco-romaine, la philosophie aboutir au mysticisme, et la médecine à la théurgie.

Une nouvelle période s'ouvre pour l'humanité avec la domination du christianisme sur les débris du monde payen.

La civilisation moderne, à sa naissance, offre avec les premiers temps de la civilisation grecque un rapport remarquable : la concentration de toutes les forces intellectuelles sur les idées religieuses, et la subordination de toutes les connaissances humaines à la théologie.

Le moyen âge a été souvent cité, quand on a voulu infirmer la loi du progrès de l'humanité; mais les travaux historiques modernes ont réduit à leur juste valeur des accusations injustes autant qu'irréfléchies. Il semble qu'à toute époque il y ait une sorte d'équilibre entre les divers produits de l'activité intellectuelle, et que ce qui est dépensé pour les sciences morales et religieuses soit enlevé aux sciences physiques.

La direction exclusive imprimée aux idées par la préoccupation religieuse du moyen âge réagit sur les sciences, et tend à les faire rentrer dans le sanctuaire.

Sous l'autorité absolue de l'église, la philosophie ne peut franchir le cercle qui lui est à l'avance tracé, et elle est vraiment tenue par la théologie dans un état de domesticité. Les sciences restent stationnaires ou reculent. Les causes surnaturelles sont remises en honneur. Les maladies sont de nouveau conçues comme des effets de la colère divine, ou de l'intervention d'agents invisibles. Les démons se substituent aux génies; les cures magiques font place aux guérisons miraculeuses.

A cette époque de rénovation sociale, nous voyons les sciences physiques retomber sous la tutelle du supernaturalisme et de la théologie, que nous avions déjà trouvés, près de leur berceau, dans l'enfance de la civilisation antique.

Tandis que, dans l'Occident, la société nouvelle se formait lentement des débris du passé sur les bases du christianisme, chez une nation orientale se développait rapidement, sous l'influence des richesses et de la puissance, une brillante civilisation, dont l'éclat s'étendit bientôt jusques sur le monde chrétien.

Les Arabes, chez qui s'étaient conservés les principaux monuments de la civilisation grecque, se livrèrent avec ardeur à l'étude des sciences et de la philosophie. Les doctrines de l'école alexandrine, qui avaient été portées dans l'Orient par des philosophes persécutés, dominèrent d'abord chez les Arabes, et firent entrer dans leurs essais scientifiques le supernaturalisme et la théurgie. L'astrologie et l'alchimie furent surtout cultivées et appliquées à la médecine. Plus tard, Aristote et Galien devinrent leurs oracles, sans que toutefois ils renonçassent aux doctrines théosophiques qui s'adaptaient si bien à la tournure de leur esprit passionné pour le merveilleux.

Les communications qui s'établirent entre les Arabes et les Chrétiens, à l'aide des Juifs et par les croisades, rendirent à l'Occident les ouvrages complets d'Aristote, qui avaient été perdus, et lui portèrent les œuvres des écrivains arabes.

Le goût pour les sciences naturelles se réveilla tout-à-coup. A l'imitation des écoles arabes où de toutes les contrées on allait chercher l'instruction, des universités furent fondées en Occident, et plus particulièrement en Italie et en France. L'école médicale arabiste de Salerne s'éleva tout-à-coup, et brilla quelques instants d'un vif éclat.

Bientôt, on ne se contenta plus des auteurs arabes; on voulut remonter aux sources où eux-mêmes avaient puisé. Les écrits d'Hippocrate et de Galien furent étudiés, et commencèrent à être les codes de la médecine dans les universités de Paris et de Montpellier.

L'innovation la plus importante que produisit, en médecine, ce réveil de l'ardeur scientifique, est la restauration des études anatomiques. Les premières dissections publiques de cadavres humains, faites en 1315, par Mondini, dans l'université de Bologne, furent bientôt généralement imitées.

Ce n'était encore là que l'aurore du jour qui devait éclairer les sciences.

Le fait le plus général qui domine toute cette période est le défaut d'indépendance d'esprit. Le principe absolu de l'autorité était comme la base commune de tout l'édifice social; dans les sciences, il interdisait le libre examen qui est leur vie. Il semble que l'esprit humain, trop faible, ne put alors marcher sans appui; quand l'autorité de la foi lui manquait, il lui fallait aussitôt, pour se soutenir, celle d'Avicenne, d'Aristote ou de Galien.

Malgré quelques essais isolés d'affranchissement, le mouvement scientifique ne se décida définitivement que sous la puissante impulsion qu'il reçut d'un heureux concours de circonstances; entr'autres, la découverte de l'Amérique, l'invention de l'imprimerie, la réforme religieuse, qui firent du 15e siècle une des époques les plus importantes de l'histoire de l'humanité.

Parmi ces circonstances toutes favorables à l'affranchissement de l'esprit humain, il en est une qui eut accidentellement sur sa tendance une influence immédiate et puissante, la dispersion des savants Grecs, par la prise de Constantinople.

Ces savants apportèrent avec eux, en Occident, les restes de la civilisation Gréco-romaine, qu'ils avaient soigneusement conservés; et en prodiguant tout-à-coup à l'Europe du 15e siècle ces trésors de l'antiquité si long-temps perdus pour elle, ils excitèrent un enthousiasme général. « La Grèce, dit M. Cousin, n'inspira pas seulement l'Europe, elle l'enivra, et le caractère de la philosophie de cette époque est l'imitation de la philosophie ancienne, sans aucune critique. »

Cette ardeur d'imitation de l'antiquité, qui s'étendit aussi bien aux arts et à la littérature, qu'aux sciences et à la philosophie, et qui a caractérisé l'époque dite *de la renaissance*, se prolongea jusque vers la fin du 16e siècle, dans toute son intensité. Platon et Aristote eurent leurs écoles luttant l'une contre l'autre, et trop souvent avec tout l'acharnement du fanatisme. Le premier résultat de ce mouvement fut le discrédit de la philosophie scholastique, et la substitution de l'autorité des anciens à l'autorité de l'église.

Sous l'influence de cette direction, la médecine des anciens fut étudiée avec ardeur; leurs œuvres furent traduites, expliquées, commentées; tous les travaux n'eurent guères pour but que de confirmer les dogmes d'Hippocrate et de Galien.

Tandis qu'une admiration enthousiaste des anciens et une foi aveugle en leurs préceptes, étaient la disposition du plus grand nombre, quelques esprits supérieurs surent se soustraire en partie à la fascination de l'autorité, et se permirent de chercher la vérité avec indépendance. Ces premières contradictions ne tardèrent pas à développer l'esprit de critique.

Les progrès de l'anatomie, pendant le 16e siècle, ne contribuèrent pas peu infirmer l'autorité de Galien. Une découverte importante, celle de la circulation pulmonaire, par Servet, prouva que les anciens n'avaient pas tout su ni tout vu.

Mais une attaque bien autrement vigoureuse fut dirigée contre les anciens par le fougueux Paracelse.

Sous l'influence du mysticisme qui a dominé dans le 16e siècle, même sur l'imitation de l'antiquité, la cabale, l'astrologie et l'alchimie avaient pris d'énormes développements, et étaient entrées fort avant dans la médecine.

Paracelse chercha, dans ces sciences illusoires, les bases du système qu'il tenta d'édifier sur les ruines de la physiologie élémentaire et de la pathologie humorale. L'inspiration et la participation à la nature de Dieu par la contemplation, furent pour lui les voies de la connaissance. Il admit des causes surnaturelles et des forces occultes. Aux éléments et aux humeurs, considérés comme agents naturels, il substitua des influences sidérales et des agents chimiques. Il personnifia la nature des anciens et en fit, sous le nom d'*Archée*, une puissance intérieure, intelligente, présidant à toutes les fonctions. Le mépris profond que Paracelse afficha pour l'antiquité et qu'il propagea par ses enseignements et ses écrits, les théories et les agents qu'il emprunta à des sciences qui jusqu'à lui étaient restées mystérieusement cachées dans les laboratoires d'alchimie, portèrent aux doctrines restaurées de l'antiquité un coup dont elles ne se relevèrent jamais complettement, et préparèrent la voie à la révolution scientifique moderne.

Dans toute cette période, long et pénible enfantement de notre civilisation, nous voyons les sciences et la médecine partager constamment les destinées de la philosophie. Egalement asservies par la théologie, elles secouent ensemble le joug. Galien et Hippocrate revivent en même-temps qu'Aristote et Platon. L'autorité de l'antiquité se substitue à l'autorité religieuse. Ce que la médecine théosophique avait été à l'école d'Alexandrie, dans les derniers temps de la période Gréco-romaine, l'école de Paracelse l'est au mysticisme renouvelé, à la fin du moyen âge.

Il semble que, depuis la nouvelle ère de son histoire, l'esprit humain qui avait fait un si grand pas en avant dans la direction religieuse et morale, ait dû pour les sciences, repasser par les routes qu'il avait déjà parcourues avant de prendre l'essor qui l'a porté si loin de la limite atteinte par l'antiquité.

La révolution préparée par les 15e et 16e siècles s'accomplit au 17e. La philosophie, secouant à-la-fois et pour toujours le joug de l'autorité, s'élève à une indépendance absolue. De cette époque datent réellement la philosophie et les sciences modernes. Partis d'un même point, la conviction de l'insuffisance du passé et de la nécessité d'une réforme, Bacon et Descartes prirent des routes différentes et entraînèrent l'humanité à leur suite.

Le premier, qu'avait surtout frappé le vide de la dialectique et des philosophies purement spéculatives, s'attacha à rendre à l'expérience le rôle qu'elle avait depuis long-temps perdu. Préoccupé de la pensée d'une réforme générale des sciences, il sentit et démontra que leur perfectionnement n'était possible qu'à la condition d'une étroite alliance entre l'observation et le raisonnement. Dans la construction du nouvel édifice, il voulut que l'expérience fournît les matériaux que le raisonnement devrait seulement coordonner.

Descartes, cherchant de son côté une base solide aux connaissances humaines, au lieu de prendre pour point de départ les sens et le monde extérieur, s'adressa à la nature même de l'esprit et à la raison pure, et crut trouver dans la conscience le fondement unique et absolu de toute certitude.

C'est dans le sens de ces deux directions principales que commença le mouvement philosophique du 17e siècle, propagé jusqu'à nos jours. L'expérience et la spéculation devinrent les deux clefs de la philosophie, et les deux bases des méthodes scientifiques.

De l'impulsion imprimée par Bacon à la philosophie, a résulté l'école sensualiste dont les premiers développements sont exprimés par les travaux de Hobbes, de Gassendi et de Locke, et dont le matérialisme moderne a été le dernier terme. Les principes de Descartes sur les causes premières ont été poursuivis jusque dans leurs conséquences les plus extrêmes, par Spinosa et Mallebranche, et sont encore le fond de l'idéalisme moderne.

Au milieu de la lutte des deux écoles opposées, Leibnitz, qui se proposait pour but de donner à la philosophie la précision des sciences mathématiques, tenta une conciliation ; mais ses efforts d'ecclectisme n'aboutirent réellement qu'à un système spiritualiste.

De ces débats et de l'insuffisance des théories dogmatiques naquit une énergique réaction du scepticisme contre l'esprit d'hypothèse et de système, qui eût pour promoteurs de brillants génies, entre autres, Bayle et Hume. Enfin, le mysticisme qui avait, au commencement du 17e siècle, conservé quelque chose de sa prédominance dans les siècles précédents, prit de nouveaux développements dans l'école de Van-Helmont; mais, à dater du 18e siècle, son rôle a été de moins en moins important dans la philosophie, et en même-temps à-peu-près nul dans les sciences.

Ainsi, sous le point de vue le plus général, nous voyons, depuis son affranchissemet, la philosophie marcher dans les directions que la nature même de l'esprit humain lui impose. Les quatre moyens qui sont les éléments les plus généraux de son activité, l'observation, le raisonnement, l'inspiration et le doute, se traduisent sous des formes diverses, mais en conservant leur identité, dans des systèmes qui peuvent se réduire aux quatre grandes formes de la philosophie, le sensualisme, l'idéalisme, le mysticisme et le scepticisme.

Je vais essayer, Messieurs, de vous montrer dans l'application de son activité aux sciences, et en particulier à la médecine, l'esprit humain soumis à la même loi pendant les temps modernes, comme nous l'avons déjà constaté pour les temps antérieurs. J'espère vous démontrer que dans ses diverses manières de concevoir la science médicale, il a pris pour point de départ les mêmes méthodes qui ont laissé dans chaque système et dans chaque direction de travaux, des traces manifestes de leur influence.

Vers la fin du 16me siècle nous avons vu le mysticisme entrer dans la médecine et se l'approprier par les innovations cabalistiques et alchimiques de Paracelse.

Van-Helmont qui n'admettait aussi d'autre source de la connaissance que la contemplation et l'illumination divine, développa ou plutôt épura les idées du paradoxal réformateur, et son système antécédent de l'animisme et de l'école chimique, a servi comme de transition entre la doctrine de Paracelse et celles de Stahl et de Sylvius.

Van-Helmont admit deux ordres d'agents physiologiques. Des spirituels et des matériels.

L'agent principal, directeur suprême de l'économie animale, est spirituel; c'est l'archée qui a son siège principal dans l'estomac. Sous ses ordres sont des agens secondaires matériels, les esprits vitaux et les ferments chimiques. Les maladies dépendent primitivement des passions de l'archée, de ses erreurs et de ses efforts pour éliminer les matières nuisibles. Nous retrouvons quelques-uns de ces principes développés sous une nouvelle forme dans les systêmes sortis de l'école de Descartes; mais nous ne retrouverons plus la pensée fondamentale qui les domine et les coordonne.

L'affaiblissement progressif de l'influence du mysticisme qui est un des effets les plus heureux de la réforme scientifique, est aussi un des caractères les plus remarquables des deux derniers siècles.

Depuis Van-Helmont et son école, on ne rencontre plus dans l'histoire de la science médicale, de système général accrédité qui soit enté sur le supernaturalisme. Les progrès de la raison humaine ont fait successivement justice des efforts de la superstition et du charlatanisme pour rattacher les maladies à l'intervention d'agents surnaturels, ou à l'action de causes occultes. Aussi n'en tiendrai-je pas compte, et passerai-je sous silence les égarements de la thaumaturgie moderne.

Descartes avait été conduit par sa méthode philosophique à refuser à la matière tout principe d'activité propre; il subordonnait les phénomènes du monde à l'action de causes premières, qui étaient pour lui des agents spirituels, l'âme et Dieu. Mais en trouvant dans les idées innées et dans la conscience la source de la certitude philosophique, et le moyen de s'élever à la notion des causes premières, Descartes ne conclut pas comme les mystiques que la spontanéité de l'esprit pût immédiatement produire les sciences. Il pensa que les causes premières et les causes finales, objet de la philosophie, devaient être exclues des recherches scientifiques; il assigna pour but aux sciences la connaissance des causes prochaines des phénomènes. Il chercha ces causes dans les conditions matérielles des corps en action, et il crut trouver ces conditions dans la forme, le mélange et le mouvement des éléments matériels des corps.

Descartes exerça sur la médecine une double influence. En refusant absolument à la matière toute propriété primitivement active, il prépara la doctrine de l'animisme; et en cherchant, dans les conditions matérielles des corps les causes prochaines de leurs actions, il encouragea l'introduction de la chimie et de la physique dans la physiologie.

Cette dernière impulsion fut d'autant plus puissante, que la chimie, cultivée avec ardeur et devenue un goût général, avait fait envisager les phénomènes naturels sous des points de vue tout nouveaux, et que, d'un autre côté, la découverte récente de la fonction la plus mécanique du corps vivant, semblait promettre une solution mathématique à tous les problêmes de l'organisme.

Déjà Paracelse, Van-Helmont et Descartes lui-même, avaient attribué aux actions chimiques un rôle important. Sylvius de Leboé développa ces théories partielles et fonda sur les données de la chimie, tout incomplettes qu'elles étaient encore, un système général de médecine qui se propagea avec rapidité dans toute l'Europe.

Pour l'école de Sylvius, tous les phénomènes physiologiques et pathologiques se réduisirent à des actions chimiques dont la fermentation était la cause la plus générale, et les humeurs le foyer. L'âcreté alcaline ou acide des humeurs fut la cause prochaine des maladies, et la thérapeutique eut pour but de détruire ces âcretés par des médications chimiques.

L'importance accordée par Descartes à la forme des molécules et à leurs mouvements, l'influence de Galilée, restaurateur de la philosophie corpulaire, les progrès de la physique et la découverte de la circulation, donnèrent naissance à l'école iatro-mathématique, dont Borelli fut le fondateur, et qui ne tarda pas à éclipser même l'école chémiatrique.

Les mathématiques se prêtèrent facilement à l'explication de ce qu'il y a de mécanique dans les fonctions ; et, sous ce point de vue, elles ne furent pas sans utilité pour la physiologie. Mais appliquées généralement à la médecine, elles ne pouvaient que fausser une science dont l'objet ne peut être soumis à la rigueur du calcul. En faisant du corps humain une machine hydraulique, les iatro-mathématiciens n'en donnaient pas une idée plus juste que celle d'un laboratoire de chimie auquel les chémiatres l'avaient assimilé.

Dans les deux écoles chimique et mécanique, la médecine ne s'occupant que des causes prochaines et secondaires se circonscrivit dans l'appréciation des conditions générales de la matière, et concluant des phénomènes du monde inorganique à ceux des corps organisés, elle ne s'éleva qu'à des lois purement physiques, solution incomplette des problèmes de la vie. L'âme, principe essentiel de tout mouvement dans le système de Descartes, vaguement admise comme cause première par ces deux écoles, était réellement laissée par elles au dehors des théories. Les conséquences du principe fondamental du cartésianisme devaient être tirées. Ce fut l'œuvre de Stahl. Les causes d'activité propres aux corps organisés avaient été déjà séparées des causes physiques. La nature d'Hippocrate, les forces de Platon, d'Aristote et de Galien, les archées de Paracelse et de Van-Helmont, ont précédé l'âme de Stahl.

Dans la critique des théories de la vie fondées sur la chimie et la physique, Stahl est allé plus loin que ses devanciers, et la gloire lui appartient d'avoir le premier, d'une main ferme et vigoureuse, tracé une ligne de démarcation profonde entre les règnes organique et inorganique.

Mais aux forces empruntées à la physique, dont il démontrait si heureusement l'insuffisance, Stahl en substitua une empruntée à la philosophie, et dans une direction différente il ne s'écarta pas moins que ceux qu'il combattait, de la véritable route de la science.

Toutes les fonctions de la vie, volontaires ou involontaires, furent subordonnées par Stahl à une cause immatérielle, intelligente, l'âme, seule force qui puisse donner l'activité vitale à la matière. Les maladies furent pour lui un trouble dans le gouvernement de l'économie animale, avec réaction de l'âme, dans le but de ramener l'ordre. La thérapeutique n'eut d'autre objet que de concourir avec l'âme vers ce but conservateur.

Diversement modifié par les progrès de la science, l'animisme de Stahl s'est transmis jusqu'à nos jours. L'école de Montpellier surtout lui emprunta le fond de ses doctrines dans les temps de sa plus grande splendeur. Le système de Stahl exprime le dernier développement de la médecine, sous l'influence du cartésianisme.

Les efforts de Leibnitz, pour concilier le spiritualisme et le matérialisme ne furent pas étrangers à un essai correspondant, tenté dans la science médicale.

Leibnitz, d'accord avec Descartes, pour refuser à la matière un principe d'activité qui lui fut essentiel, se sépara nettement du cartésianisme, en soutenant que des forces actives sont pourtant inhérentes à la matière, qui les a reçues de Dieu au moment de la création.

Ce principe fécond, que Glisson avait déjà développé dans un Essai sur la vie, et qui l'avait conduit à reconnaître, dans la fibre animale, une force qui, pour la première fois, prit le nom *d'irritabilité*, eut pour effet, en se propageant, de diriger les recherches des physiologistes vers l'appréciation des forces propres à l'organisation, et de favoriser la séparation de la physiologie d'avec la métaphysique et la physique.

Hoffmann, ami de Leibnitz, admit, pour premier principe physiologique, que le corps humain, comme les autres corps de la nature, possède des forces matérielles à l'aide desquelles il opère ses mouvements. Il mit au premier rang, parmi ces forces, l'âme sensitive, substance matérielle répandue dans la nature entière, et qui, dans l'homme, est le fluide nerveux que le cerveau extrait du sang pour le distribuer, par les nerfs, dans toutes les parties du corps. Mais cette première tentative de vitalisme fut incomplette. Hoffmann ne généralisa pas l'application de sa force nerveuse, et son système de médecine n'est, à vrai dire, qu'un ecclectisme humoriste et solidiste, dans lequel prédominent encore les explications de l'école iatro-mathématique. Ce n'est vraiment que de l'irritabilité hallérienne que date la physiologie positive exclusivement fondée sur les forces inhérentes à l'organisme. Avant de caractériser cette ère de la science médicale moderne, il nous faut remonter jusqu'au commencement du 17e siècle, pour apprécier l'influence de la philosophie de Bacon sur la marche et les progrès de la médecine.

Bacon, dans son Essai de réforme, avait insisté sur la nécessité de l'abandon des spéculations qui n'avaient pas l'observation pour base, et sur l'importance de l'adoption d'une nouvelle méthode. Par une lumineuse analyse du passé, il avait mis à découvert les causes qui, dans les temps antérieurs, s'étaient opposées aux progrès des sciences. Il n'avait pas apprécié, avec moins de sagacité et de profondeur, les directions que l'esprit humain devait suivre désormais pour ne plus s'engager dans les routes où il s'égarait depuis tant de siècles.

Du point de vue élevé d'où il embrassa de son regard d'aigle l'immense domaine des connaissances humaines, il scruta jusques dans ses profondeurs la science médicale, et découvrit à-la-fois les causes de son imperfection et les moyens d'y remédier.

Pour concevoir toute l'étendue de l'influence que le génie de Bacon a exercée sur la médecine, il suffirait de comparer le tableau qu'il a tracé de ce qui, de son temps, manquait à la science, avec le résumé de ce que les travaux ultérieurs lui ont ajouté. On reconnaîtrait que l'histoire des progrès de la médecine depuis Bacon, n'est, en quelque sorte, que l'histoire du développement de ses vues de perfectionnement.

En effet, Messieurs, quels étaient ces besoins de la science proclamés par Bacon, au commencement du 17e siècle?

Bacon regrettait que les travaux descriptifs d'Hippocrate eussent été abandonnés. Il demandait des collections raisonnées d'histoires particulières de maladies. Il réclamait la création d'une anatomie qu'il appelait *comparée*, à laquelle il assignait pour but de scruter, par des dissections attentives et multipliées, les différences qui existent entre les cadavres des malades, sous un triple rapport : la conformation des organes internes, les traces et les altérations qu'y laissent les maladies, l'état des humeurs de toute espèce. Il pensait qu'on attribue aux humeurs beaucoup de maladies qui ont leurs causes déterminantes dans les altérations des organes internes.

Il insistait sur la nécessité de reviser les maladies réputées incurables, et de perfectionner la thérapeutique, en ne se renfermant pas exclusivement dans les indications générales et en recherchant, pour chaque maladie, une méthode de traitement.

Enfin, de tous les moyens de progrès, le plus important à ses yeux, c'était la création d'une philosophie naturelle, réelle et agissante sur laquelle put être construit l'édifice de la science médicale.

Et quelle route pouvait, suivant Bacon, conduire à cette philosophie naturelle, mère auguste de toutes les sciences, du sein de laquelle devait sortir la médecine véritable? Ce n'était aucune de celles suivies jusqu'alors, ni la conciliation ou le perfectionnement des anciennes théories, ni les recherches subtiles de la dialectique, ni les efforts aveugles de l'empirisme; cette route, Messieurs, c'était la méthode expérimentale, cette expérience légitime qui, éclairée par le raisonnement, marche d'un pas ferme vers un but déterminé, déduit des faits coordonnés les axiômes, et revient des axiômes aux faits par de nouvelles expérimentations.

Les vues de Bacon étaient trop élevées au-dessus de la portée de ses contemporains, et trop contraires aux idées généralement reçues, pour qu'elles fussent immédiatement appliquées dans toute leur étendue. D'ailleurs, l'éclat jeté par les théories cartésiennes laissa d'abord un peu dans l'ombre le réformateur anglais. Toutefois, la tendance vers la réforme expérimentale ne tarda pas à se manifester par des travaux entrepris dans le sens de l'impulsion baconienne. L'exemple d'Hippocrate, proposé par Bacon, réveilla l'ardeur d'imitation que n'avait pu complettement assoupir le discrédit jeté sur l'antiquité par les écoles nouvelles. Les grandes vues du père de la médecine, sur l'influence des constitutions, dirigèrent d'habiles observateurs et servirent de bases aux doctrines de Sydenham et de Stoll.

De toutes parts, les épidémies furent étudiées et décrites. Les maladies furent mieux observées, des espèces nouvelles reconnues. On se livra aux recherches expérimentales sur l'action des médicaments et sur leur utilité dans les diverses maladies, avec un zèle que stimulait puissamment la découverte du quinquina. L'anatomie pathologique fut créée. Baillon donna le signal. Son exemple fut bientôt suivi par une foule de médecins illustres. Les matériaux épars furent réunis dans des collections. Tous ces travaux, et plus particulièrement ceux de l'immortel Morgagni, élevèrent l'anatomie pathologique à un haut degré de perfection et jetèrent, sur le siége des maladies, une vive lumière.

Des classifications systématiques furent tentées à l'imitation de celles qui avaient été créées avec tant d'avantages pour les autres branches de l'histoire naturelle. Enfin, la méthode expérimentale qui, suivant la pensée de Bacon, devait conduire à la véritable philosophie naturelle, fut réellement appliquée pour la première fois à la physiologie générale, par Haller. Les travaux de ce grand homme sont l'aboutissant des deux grandes influences philosophiques que nous avons signalées, et le véritable point de départ de la médecine moderne.

Je n'ai pas la prétention, Messieurs, de vous tracer ici le tableau historique des progrès que la science médicale a faits dans ses diverses branches, depuis que la méthode expérimentale lui sert de guide. Il me suffit de vous avoir indiqué les premières directions de ces travaux, et de vous dire que, sous l'influence de cette méthode, toutes les connaissances médicales qui dérivent de l'observation, sont arrivées, en même-temps que les sciences physiques, à un degré voisin de la perfection.

Pour terminer ma tâche, je ne veux que parcourir les sommités de la science, et apprécier rapidement les théories générales qui l'ont successivement dominée. Je réclame encore de votre indulgence quelques instants d'attention.

Le raisonnement et l'observation avaient déjà mis Glisson et Gorter sur la voie de la découverte des forces inhérentes à l'organisme ; l'irritabilité avait été déjà par eux entrevue. Haller démontra, par l'expérimentation, l'existence de cette force. Le premier, il distingua nettement dans les corps organisés les propriétés physiques des propriétés vitales, et parmi ces dernières, il sépara l'irritabilité musculaire de la sensibilité. Ses nombreuses expériences le conduisirent à admettre des différences entre les organes, par rapport aux propriétés vitales dont ils sont doués. Il constata aussi, dans les tissus, des différences d'aptitude à s'irriter sous l'influence d'agents divers, et il introduisit ainsi, dans la physiologie, la première idée de l'irritabilité spécifique qui, depuis, a été si heureusement fécondée. Il fit concourir des recherches anatomiques sur la structure des tissus avec ses expériences sur leurs propriétés, et Haller fut ainsi, dans la physiologie et l'anatomie générale, le précurseur et le modèle de notre immortel Bichat.

Les travaux qui furent immédiatement entrepris pour infirmer ou confirmer la doctrine de l'irritabilité eurent, pour effet, de la perfectionner. Leur première conséquence fut le décri de l'humorisme, et leur dernier résultat, la prédominance de l'opinion qui subordonne l'irritabilité à la force nerveuse.

Cette doctrine fut appliquée à la pathologie par Cullen, et fournit le fond du premier système vitaliste et solidiste. La force nerveuse, dans ce système, fut l'agent universel des fonctions. Les nerfs furent le point de départ des altérations morbides, et l'intermédiaire nécessaire de l'action des causes des maladies, aussi bien que de celle des agents médicamenteux.

Cette doctrine qui s'éloignait beaucoup de l'aperçu si fécond de Haller, sur les différences de la force vitale suivant les organes et les tissus, et dans laquelle une force générale unique présidait à tous les phénomènes de la vie, conduisit naturellement à ce point de vue philosophique que les maladies, dépendant de cette force générale, pourraient bien n'être que des degrés de son intensité incompatibles avec la santé. On trouve déjà, dans Cullen, les traces de cette division des maladies par rapport aux modifications, en plus ou en moins, que la force générale de l'organisation peut éprouver. Cette dichotomie pathologique, qui rappelle la première forme générale sous laquelle le solidisme se soit montré sur la scène médicale dans l'école méthodique, se formula avec tous ses développements dans le système de Brown; système fondé sur la loi générale de l'excitement ou action de la force nerveuse, et sur ses deux modifications opposées, sthenie et asthenie.

Enfin, Bichat parut et ramena la physiologie des abstractions du vitalisme sur le terrain plus solide de l'expérimentation.

Bichat reprit la science au point où l'école de Haller l'avait laissée. Une analyse plus profonde de l'organisation le conduisit à cette lumineuse distinction des systêmes élémentaires d'où est sortie l'anatomie générale.

Des expériences plus variées, plus étendues et plus concluantes servirent de fondement à une théorie ingénieuse des propriétés vitales.

L'impulsion donnée par Bichat à la philosophie s'est propagée jusqu'à nos jours, et l'apparition si courte de ce beau génie sur le théâtre de la science est la dernière et peut-être la plus belle gloire médicale du 18e siècle.

C'est des travaux de Bichat sur l'anatomie générale, et des progrès toujours croissants de la physiologie expérimentale, et de l'anatomie pathologique, qu'est née la pensée de réforme réalisée par M. Broussais.

Quelque soit le jugement porté sur le système de M. Broussais, système assez connu pour qu'il soit inutile d'en développer les principes, il est incontestable que la pensée de rattacher toutes les maladies aux organes, qui lui appartient, domine toute notre époque. Et l'on ne peut nier que la localisation des maladies, la découverte de la gastro-entérite, et l'application de la théorie de l'inflammation aux maladies chroniques ne soient des titres à une gloire durable, en même temps que des progrès réels et importants.

Le systême de M. Broussais, vitalisme-solidiste et matérialiste est le dernier terme de l'influence de la philosophie du sensualisme sur la médecine, de même que nous avons vu l'animisme de Stahl être le développement le plus complet de cette science dans la direction du spiritualisme.

Ainsi, sous l'influence des deux écoles philosophiques opposées, la médecine qui leur emprunte tour-à-tour ses principes fondamentaux et ses méthodes, suit des directions fort différentes, et aboutit pourtant également des deux côtés, à un dogmatisme plus ou moins absolu, à un système plus ou moins exclusif.

Mais le scepticisme, qui, dans les deux derniers siècles, a joué un rôle si important, n'a pas manqué de réagir aussi sur la médecine. Déjà nous avons vu dans l'antiquité, à une philosophie sceptique, correspondre une médecine empirique. Ce rapport se retrouve dans les temps modernes.

L'école empirique moderne qui a pour caractères communs la critique de tout dogmatisme, et la prétention d'exclure de la science tout autre élément que l'observation pure, a été, dans la dernière période historique, l'expression de la subordination de la médecine au scepticisme. Mais cette école qui n'a pas eu l'unité si originale de l'ancien empirisme grec, en diffère surtout en ce qu'elle n'est jamais restée absolument conséquente à son principe fondamental. Jamais ses sectateurs ne se sont bornés à cette observation pure par eux tant recommandée ; toujours ils ont fait entrer dans la science des explications théoriques empruntées à divers systêmes, mais surtout au naturisme d'Hippocrate, objet constant de leur prédilection.

Cette tendance à repousser le raisonnement et à se borner à l'observation empirique a été puissamment favorisée par plusieurs découvertes importantes dues à l'expérience seule, et que les théories ne pouvaient ni réclamer ni expliquer, l'action spécifique du mercure et du quinquina contre la syphilis et les fièvres intermittentes, l'action préservatrice de la vaccine contre la variole.

L'empirisme moderne a été utile à la science en proclamant l'importance de l'observation, et en s'opposant aux généralisations prématurées des faits. Il a concouru, avec le dogmatisme expérimental, au perfectionnement des connaissances qui relèvent de l'observation seule.

On doit lui rattacher les travaux d'une foule de médecins illustres, tels que les Sydenham, les Stoll, les Frank, etc., et surtout les tentatives faites par Pinel, et les anatomo-pathologistes, pour soustraire la pathologie à l'instabilité des systêmes, en la fondant sur des bases invariables tirées de l'observation des symptômes, ou des lésions anatomiques des tissus.

Tout incomplet que soit ce tableau de la marche de la science médicale, depuis la réforme de Bacon et de Descartes, il est facile de reconnaître que dans cette brillante période de l'histoire de l'esprit humain, aussi bien que dans les périodes qui l'ont précédée, la médecine a été constamment subordonnée à la philosophie, et qu'elles ont eu une loi commune d'activité et de progrès.

Dans tout le cours des siècles, nous avons vu, Messieurs, correspondre aux directions générales de la philosophie, des directions analogues de la médecine ; au mysticisme le supernaturalisme, au scepticisme l'empirisme, au spiritualisme et au sensualisme le dogmatisme rationnel ou expérimental.

Nous avons constaté outre cette influence générale de l'esprit philosophique de chaque époque, une réaction des systêmes philosophiques sur les systêmes médicaux, principalement au moyen de la physique générale que la philosophie a si longtemps retenue dans son sein.

Mais l'influence dont l'étude a été trouvée par nous la plus importante, est celle du perfectionnement des méthodes ; perfectionnement intimement lié aux progrès de la philosophie.

Nous avons vu la méthode d'Hippocrate, qui consistait dans l'alliance du raisonnement et de l'observation, conduire ce grand homme, dès l'enfance de la science, à d'immenses résultats. De nouveaux progrès ont été dus à ceux qui ont marché sur ses traces. Mais c'est seulement à dater de Bacon, que la méthode propre aux sciences naturelles, et en particulier à la médecine, a été bien connue et surtout proclamée l'unique voie de perfectionnement.

Depuis Bacon, l'observation, le raisonnement et l'expérimentation n'ont pas été séparés par tous ceux qui ont pu embrasser le domaine de la science d'un coup-d'œil universel. L'histoire nous montre que chacun des éléments de cette méthode, pris exclusivement pour point de départ, n'a pu conduire qu'à des théories incomplettes ou erronnées ; tandis que, depuis l'adoption de la méthode elle-même, les sciences ont fait d'immenses progrès, sans jamais rétrograder. C'est à cette méthode, Messieurs, et c'est là le plus haut enseignement de l'histoire, à cette méthode, comprenant ses trois éléments nécessaires, qu'il faut demander de nouveaux progrès.

Mais l'histoire nous apprend, de plus, à apprécier le degré d'importance qui doit être accordé à chacun de ces éléments. En effet, voici ce que nous pouvons conclure de l'histoire.

L'observation doit être mise au premier rang ; c'est la pierre angulaire de l'édifice médical. Tous les travaux entrepris sous sa direction ont eu leur utilité. A l'observation, la médecine doit les faits et les connaissances sur lesquels ont été construites les théories ; elle lui doit plus encore, car elle lui doit aussi les faits que les théories n'ont pu encore expliquer, et dont la connaissance n'a été pour cela ni moins importante, ni moins utile. Par exemple, les influences épidémiques, les contagions, l'action du quinquina, de l'opium, du mercure, la vaccine.

L'expérimentation a étendu et fécondé le domaine

de l'observation. Provoquant les phénomènes dans des conditions connues et dans une direction déterminée à l'avance, elle a permis de donner le caractère d'une démonstration absolue à des explications qui n'avaient été jusqu'alors que plausibles, et elle a élevé la physiologie au rang des sciences positives.

Enfin le raisonnement qui, livré à ses propres forces, est vraiment sans puissance dans une science d'observation, et même trop souvent l'égare ou la dénature, quand il s'appuye sur l'observation et sur l'expérimentation, quand il les dirige et les interprète, peut seul coordonner les faits et en déduire leurs lois; seul, il peut élever les ensembles de phénomènes à une théorie, but définitif de toute science.

Ainsi, Messieurs, l'histoire de la médecine, envisagée sous le point de vue de ses rapports avec l'histoire de la philosophie, nous a conduits à déterminer, par les faits, la méthode générale à laquelle elle a dû ses progrès successifs, et qui est la condition nécessaire de ses progrès ultérieurs.

Mais dans ce tableau de la marche de la science médicale, il est encore un fait éclatant qui n'a pu manquer de nous frapper, c'est l'instabilité des systèmes.

L'histoire nous enseigne à nous défier des systèmes, généralisations prématurées de faits qui ne peuvent servir de base légitime à une explication universelle.

De cette insuffisance dont tout système exclusif est nécessairement convaincu aux yeux de tout esprit impartial, ressort évidemment la nécessité d'un choix entre les enseignements de doctrines qui toutes, frappées de la même incapacité pour rendre raison de tout, ont pourtant chacune leur part de vérité. De là encore, Messieurs, une nouvelle preuve à la démonstration que la science ne peut être possédée complettement qu'à l'aide de l'étude de l'histoire; de là aussi cette conséquence que la science médicale ne peut être qu'un ecclectisme.

L'ecclectisme, objet de tant de mépris et de sarcarmes, de la part des partisans de systêmes exclusifs, n'est pourtant rien moins que l'état actuel de toute science qui n'est point complette. S'il ne consistait que dans un amalgame incohérent de théories inconciliables, il mériterait sans doute tous les reproches qu'on lui a adressés. Mais l'ecclectisme, tel qu'on doit le concevoir, n'est pas une tentative de conciliation entre des doctrines hétérogènes. Il doit être l'expression de la science dans toute son étendue, le dénombrement complet de toutes les connaissances qui la constituent.

La science comprend les faits d'observation et d'expérimentation, et les vérités de raisonnement, c'est-à-dire les théories légitimes de ces faits. L'ecclectisme ne consiste pas à concilier les différentes théories, mais à accepter celles qui ont les caractères d'une démonstration, en même-temps que les vérités d'observation qui ne sont pas encore systématisées, ou qui ne sont pas susceptibles de l'être. En un mot, l'ecclectisme n'est qu'un état provisoire qui doit tendre au dogmatisme systématique, dernier degré de la science complette. Son rôle est de s'arrêter dans la généralisation là où la démonstration manque, et de s'abstenir de torturer les faits pour les faire entrer de vive force dans une unité dogmatique qui ne peut les comprendre.

Ainsi, Messieurs, à l'aide de ce coup-d'œil général jeté sur l'histoire de la médecine, nous sommes arrivés à cette conclusion, que cette histoire est indispensable, à un double titre : comme complément nécessaire de la science actuelle, qui ne peut être en définitive qu'un ecclectisme ; comme moyen de perfectionnements qui ne peuvent être dus qu'a la méthode dont l'histoire et la philosophie s'accordent à nous démontrer l'efficacité. L'histoire a donc vérifié la proposition que je m'étais efforcé de vous démontrer par le raisonnement.

www.ingramcontent.com/pod-product-compliance
Lightning Source LLC
LaVergne TN
LVHW021704080426
835510LV00011B/1582